DESARROLLA TUS
CINCO
SENTIDOS
ESPIRITUALES

DESARROLLA TUS
CINCO
SENTIDOS
ESPIRITUALES

VE, ESCUCHA, HUELE, SABOREA Y SIENTE
el mundo invisible en tu derredor

PATRICIA KING

Desarrolla tus Cinco Sentidos Espirituales
© Patricia King Enterprises 2017

Es traducción del libro original en inglés:
Developing Your Five Spiritual Senses - © Patricia King 2014

Todos los derechos reservados. Ninguna parte de esta publicación puede ser reproducida, impresa, de manera digital ni de cualquier otra manera, salvo porciones breves, sin el permiso por escrito de la autora. Se prohibe la reproducción sin autorización.

Las siguientes versiones de la Biblia fueron utilizadas:

A menos que se indique de otra manera, el texto bíblico ha sido tomado de la versión Reina Valera Contemporánea (RVC) ® © Sociedades Bíblicas Unidas, 2009, 2011. Usado con permiso.

El texto Bíblico indicado con RVR60 ha sido tomado de la versión Reina-Valera © 1960 Sociedades Bíblicas en América Latina; © renovado 1988 Sociedades Bíblicas Unidas. Utilizado con permiso.

El texto bíblico indicado con (RVA-2015) ha sido tomado de la versión Reina Valera Actualizada © 2015 by Editorial Mundo Hispano. Usado con permiso.

El texto bíblico indicado con "NTV" ha sido tomado de la Santa Biblia, Nueva Traducción Viviente, © Tyndale House Foundation, 2010. Usado con permiso.

El texto bíblico indicado con NVI ha sido tomado de La Santa Biblia, Nueva Versión Internacional® NVI® © 1999 por Biblica, Inc.® Usado con permiso.

Traducción: Carol Martínez

Publicado por: Patricia King Enterprises
Distribuido por: Patricia King Ministries
PO Box 1017, Maricopa AZ 85139
PatriciaKing.com

ISBN: 978-1-62166501-4

CONTENIDO

PRÓLOGO 7

INTRODUCCIÓN 9

Capítulo UNO
Tus Cinco Sentidos Espirituales 13

Capítulo DOS
El Sentido Espiritual Auditivo 25

Capítulo TRES
El Sentido Espiritual de la Vista 47

Capítulo CUATRO
El Sentido Espiritual del Gusto 61

Capítulo CINCO
El Sentido Espiritual del Olfato 67

Capítulo SEIS
El Sentido Espiritual del Tacto 73

Capítulo SIETE
Haz crecer tus sentidos espirituales 81

PRÓLOGO
James W. Goll

En esta vida, Dios en ocasiones te permite caminar al lado de un corazón valiente, un general, una campeona y pionera. He tenido tal honor en estos últimos años al caminar junto a una de las líderes de esta generación en el Cuerpo de Cristo, una que verdaderamente sabe amar y tiene la determinación para luchar.

Sí, sabes a quien me refiero – la autora de este libro, *Desarrolla Tus Cinco Sentidos Espirituales* – mi gran amiga Patricia King.

Me ha tocado ministrar en muchas naciones con esta dama, y además, soy amigo de su querido esposo, Ron. Permíteme decirte, hay pocas personas con quienes he tenido el honor de caminar en esta vida que abrazan la Cruz de Jesús más que esta novia guerrera.

Soy uno de sus consejeros, oro por ella, Ron, y todo el equipo dentro de su ministerio. Además, le he dado a esta mujer valiente el honor de dirigir el ministerio que mi querida esposa, Michal Ann, quien ahora está en el cielo, y yo comenzamos hace 18 años – Women on the Frontlines (Mujeres en el Frente). ¡Tan pronto que le pasé la batuta, explotó en un movimiento global!

Así que, si estabas pensando que ibas a leer otro prólogo aburrido a favor de un libro que yo recomiendo, estás equivocado. Estoy celebrando a una amiga, declarando a viva voz que hay pocas personas en este Reino que nunca dejan de tener hambre por Dios y quienes abren de nuevo tesoros que habían quedado perdidos en las páginas de la historia de la iglesia, presentándolos como luces resplandecientes de verdad una vez más.

¿Qué provecho saco de esto? ¡Gozo y lágrimas! Sí, recibo el honor de abrir la puerta a otra joya del cofre de tesoros de Dios. ¿Hay algo mejor que esto?

Con gran aprecio, me siento honrado al abrir la puerta a un nuevo intento de describir lo indescriptible: *Desarrolla tus Cinco Sentidos Espirituale*s, por Patricia King. ¡Gloria!

Dr. James W. Goll
Fundador y Director de God Encounters Ministries
Autor de *Cómo Vivir una Vida Sobrenatural, El Estilo de Vida de un Profeta (en inglés), Búsqueda Apasionada* y muchos más

INTRODUCCIÓN

En diciembre del 2001, recibí una visitación de treinta días por parte del Espíritu Santo. Durante esta visitación, cada día el Señor me revelaba verdades bíblicas emocionantes acerca del acceso que Dios le ha dado al creyente para tener encuentros con Él en la esfera de Su Reino invisible. A partir de entonces, he estado enseñando lo que Él me reveló a través del curso *La Escuela de Gloria*.

Tantas veces en nuestro cristianismo occidental, damos nuestro consentimiento académico y mental a partes de la Palabra de Dios que resuenan con nuestra perspectiva del mundo en un sentido práctico, mientras que descartamos esas partes de la Biblia que tratan del poder que tenemos como creyentes. ¿No deberíamos, más bien, abrazar con fe auténtica las verdades y experiencias espirituales, así como las invitaciones a tener encuentros sobrenaturales, comunicadas y proclamadas tan claramente en las Santas Escrituras? Al negar los aspectos espirituales y las actividades sobrenaturales del Reino, estamos en peligro de caer en aquello contra lo cual Pablo le advirtió a Timoteo:

> También debes saber que en los últimos días ... que habrá hombres ... que parecerán muy piadosos, pero negarán la eficacia de la piedad; evítalos.
>
> *2 Timoteo 3:1-5 (RVC)*

Debemos ser naturalmente sobrenaturales. Las dimensiones invisibles del Reino deben ser familiares para cada creyente. En estos tiempos, el Cuerpo de Cristo se está despertando con nueva hambre por vivir la vida del Reino tal como Jesús la modeló, con milagros, señales, maravillas, visitaciones y operaciones en el Espíritu. Dondequiera que voy, veo esta hambre tanto en creyentes como en no-creyentes.

La Biblia revela cinco sentidos espirituales dentro de los cuales los creyentes pueden funcionar – si eres creyente, ¡esto te incluye a ti! Este libro te dará a conocer esos cinco sentidos espirituales que Dios nos ha dado, y definirá y examinará cada uno específicamente.

Mientras lees, descubrirás cómo discernir el funcionamiento de cada sentido y cómo desarrollar y madurar

Introducción

en el uso y la operación de cada uno. Recibirás claves para entender y herramientas para desarrollar, utilizar y madurar estos sentidos en tu propia vida.

Una vez que desarrollamos nuestros sentidos espirituales, nuestra relación personal con el Señor se realzará. La intimidad con Él crecerá ... y nuestra colaboración con Él aumentará. Éstas son experiencias por las cuales todo creyente tiene hambre, y es la razón por la cual TÚ estás interesado en este libro.

Disfruta de la travesía que te llevará al descubrimiento glorioso de tus cinco sentidos espirituales.

Debemos ser naturalmente sobrenaturales. Las dimensiones invisibles del Reino deben ser familiares para todo creyente.

Capítulo Uno

TUS CINCO SENTIDOS ESPIRITUALES

Dios te creó con cinco sentidos espirituales que son paralelos a tus cinco sentidos naturales. De hecho, ya cuentas con estos sentidos, aunque puede que no los hayas desarrollado. Posiblemente ni siquiera estás consciente de ellos.

Eres un ser espiritual con sentidos espirituales.

Una vez que entregas tu vida a Cristo, ya no eres un ser natural y terrenal intentando entrar al cielo. Tampoco eres alguien que continuamente lucha en la vida, con la esperanza de algún día escapar de la opresión de esta esfera terrenal. ¡De ninguna manera! Más bien, en Cristo, te has convertido en un ser espiritual quien vive en la tierra pero quien cuya ciudadanía reside en el cielo.

> Por lo tanto, ya no son extranjeros ni forasteros sino conciudadanos de los santos y miembros de la familia de Dios. – *Efesios 2:19 (RVA-2015)*

Eres una creación nueva; todo lo viejo ha pasado y todas las cosas llegan a ser nuevas.

> De modo que si alguno está en Cristo, ya es una nueva creación; atrás ha quedado lo viejo: ¡ahora ya todo es nuevo. – *2 Corintios 5:17 (RVC)*

Estás sentado en los lugares celestiales con Cristo, a la diestra del Padre.

> ...la cual operó en Cristo, y lo resucitó de entre los muertos y lo sentó a su derecha en los lugares celestiales. – *Efesios 1:20 (RVC)*

> ...y también junto con él nos resucitó, y asimismo nos sentó al lado de Cristo Jesús en los lugares celestiales. – *Efesios 2:6 (RVC)*

Estás crucificado con Cristo, y ahora Él vive *en* ti y *a través* de ti.

> Pero con Cristo estoy juntamente crucificado, y ya no vivo yo, sino que Cristo vive en mí; y lo que ahora vivo en la carne, lo vivo en la fe del Hijo de Dios, el cual me amó y se entregó a sí mismo por mí.
>
> *Gálatas 2:20 (RVR-60)*

Dios te ha posicionado en la tierra como un embajador celestial, representando a Su Reino y reconciliando al hombre con Dios a través del poder del Espíritu.

> Así que somos embajadores en nombre de Cristo.
> *2 Corintios 5:20 (RVC)*

Como Cristo es, así eres tú en esta tierra, y las obras que Él hizo, tú también las harás.

> Entonces Jesús les dijo una vez más: "La paz sea con ustedes. Así como el Padre me envió, también yo los envío a ustedes". – *Juan 20:21 (RVC)*

> De cierto, de cierto les digo: El que cree en mí, hará también las obras que yo hago; y aun mayores obras hará, porque yo voy al Padre. – *Juan 14:12 (RVR-60)*

Tu vida en Cristo, tu posición en Cristo, y tu ministerio en Cristo, se logra a través de la gracia del Señor Jesús y el poder que recibes de Su Espíritu Santo.

> Porque por gracia sois salvos por medio de la fe; y esto no de vosotros, pues es don de Dios; no por obras, para que nadie se gloríe. – *Efesios 2:8-9 (RVR-60)*

La gracia de Dios obra dentro de ti para que Él cumpla Sus propósitos en ti y a través de ti mientras vivas en esta dimensión terrenal.

> Porque Dios es el que produce en ustedes lo mismo el querer como el hacer, por su buena voluntad.
> *Filipenses 2:13 (RVC)*

Cuando vivas con esta perspectiva, ya no lucharás en tu auto-esfuerzo fallido para lograr una salvación que crees que solo se manifestará en su totalidad después de que ya no vivas en la tierra. Todo lo contrario, tu vida cobrará nuevo significado y la manifestación de una vida gloriosa en Su Reino fluirá a través de ti mientras vivas sobre la tierra.

Bilocación

Bilocación significa vivir en dos lugares a la misma vez. Estás viviendo en la tierra, así que conoces bien la dimensión terrenal y funcionas en ella por medio de tu vida física y tus cinco sentidos físicos. Pero cuando estás en Cristo, también eres un ser espiritual con un espíritu que ha nacido de nuevo que tiene cinco sentidos espirituales; conoces y funcionas dentro de la dimensión invisible del Reino de Dios.

En Cristo, eres un ser celestial que vive en la tierra con un cuerpo físico. No eres un ser físico esforzándote para lograr entrar al cielo. Como ser espiritual, tienes cinco sentidos espirituales con los cuales llegas a conocer la dimensión invisible del Reino de Dios.

Puedes de hecho funcionar en dos dimensiones a la misma vez. ¡Jesús lo hacía! Él le explicó esto a Nicodemo en Juan 3:13 cuando dijo, "Nadie subió al cielo, sino el que descendió del cielo; el Hijo del Hombre, que está en el cielo."(RVR60)

Al usar esta Escritura como referencia, vemos que Jesucristo estaba parado en la tierra cuando hizo esta declaración a Nicodemo, sin embargo, a la vez estaba explicando que él también estaba en el cielo mientras hablaba con él.

Como ya vimos, las Escrituras dicen que estás sentado en lugares celestiales en Cristo (Efesios 2:6) y sin embargo, aquí estás viviendo en la tierra natural. Entonces, ¿cuál es la verdad? ¿Estás aquí o allá? La respuesta es que estás en ambos lugares a la misma vez. Tu cuerpo físico se relaciona con la dimensión terrenal y tu espíritu se relaciona con la dimensión celestial o espiritual.

Descubrimos a través de la Escritura de que somos seres que constamos de tres partes: espíritu, alma y cuerpo.

> Que el mismo Dios de paz los santifique por completo; y que guarde irreprensible todo su ser, espíritu, alma y cuerpo, para la venida de nuestro Señor Jesucristo. – *1 Tesalonicenses 5:23 (RVC)*

Tu cuerpo se relaciona con la dimensión física, tu alma (mente, voluntad y emociones) se relaciona con la dimensión relacional y tu espíritu se relaciona con la dimensión espiritual. Cada una de tus tres partes tiene funciones únicas y pueden operar independientemente la una de la otra a la misma vez. Por ejemplo, mi cuerpo físico puede estar lavando platos. He lavado platos por muchos años y no tengo que involucrar mi mente para cumplir con esta tarea. Créeme, hasta el día de hoy, puedo cumplir con dicha tarea en piloto automático.

Sin embargo, mientras que mi cuerpo está lavando platos, mi mente (una facultad del alma) no tiene que involucrarse en dicha tarea; es más, es posible que mi mente esté planeando una cena con amigos dentro de unos días. Mientras mi cuerpo físico está lavando platos y mi alma está planeando una cena especial, a la vez, en mi espíritu estoy orando en lenguas. (La Biblia enseña que cuando oro en lenguas, "mi espíritu ora".)

> Porque si yo oro en lengua desconocida, mi espíritu ora, pero mi entendimiento queda sin fruto.
>
> *1 Corintios 14:14 (RVR60)*

Podemos ver cómo, en este ejemplo, las tres partes de mí están funcionando independientemente la una de la otra – todas a la misma vez.

Cada parte de ti (tu cuerpo, alma y espíritu) tienen la habilidad de "percibir". Por ejemplo, tu cuerpo físico puede percibir dolor físico. Tu alma puede percibir temor. Tu espíritu puede percibir la presencia del Señor. Fuiste creado con la habilidad de percibir.

Aunque, como mencioné previamente, nuestro enfoque en este libro es revelar nuestros cinco sentidos *espirituales,* es interesante que los sentidos espirituales son paralelos a los sentidos físicos. Los sentidos físicos, sin embargo, se relacionan con la dimensión física y los sentidos espirituales con la espiritual.

Tu voluntad (parte de la función del alma) determina la acción que deseas tomar en respuesta a lo que percibes. Tus sentidos espirituales, como descubrirás más adelante en este libro, pueden desarrollarse, y puedes aumentar en conciencia y eficacia espiritual como resultado. La mayoría de los cristianos están muy conscientes de sus sentidos físicos, pero no tan conscientes de sus sentidos espirituales.

Tus cinco sentidos físicos

Tu cuerpo físico tiene sentidos que funcionan en la dimensión física. Tus cinco sentidos físicos son:

Auditivo

Con este sentido tienes la habilidad de escuchar sonidos, tonos, ritmos y palabras.

Vista

Este sentido te da la capacidad de ver sustancias físicas tales como las palabras impresas en una página, la naturaleza, luz, actividad física y movimiento.

Gusto

Dios te dio la habilidad de probar sabores diferentes con las papilas gustativas en tu lengua. Cuando colocas una sustancia en estas papilas, puedes detectar su sabor. También puedes detectar si no tiene sabor.

Olfato

Tienes la habilidad física de detectar presencia física a través del olfato. Por ejemplo, si entras a una casa y percibes el olor de pan caliente ¿qué te dice? ¿Posiblemente que hay pan en el horno, y que habrá la posibilidad de quedarte a probarlo?

Tacto

Dios creó las terminaciones nerviosas en tu cuerpo para que puedas estar al tanto del mundo en tu derredor. Por ejemplo, si cierras tus ojos y pasas tu mano por una almohada de terciopelo, puedes detectar lo que es. No la puedes ver, no la puedes oler, no la puedes oír, no la puedes probar, pero la puedes sentir a través del tacto.

La respuesta de tu alma a tus sentidos físicos

Como mencioné anteriormente, cuando tu cuerpo experimenta algo a través de los sentidos físicos, tu alma (mente, voluntad y emociones) se da cuenta y toma decisiones como resultado. Por ejemplo, puedes caminar por la calle y oler pizza. Tú, en tu mente (alma) te das cuenta y tomas la decisión de comprar una rebanada de pizza. Después de todo, tienes hambre y emite un aroma muy agradable.

Otro ejemplo es que si acercas tu mano a algo caliente, sentirás el calor y tu mente detectará el peligro. Como resultado, quitas tu mano del lugar. Tu alma, sede de tu voluntad, responde a los cinco sentidos físicos.

Desarrollando tus sentidos

Si caminaras con tus ojos vendados, no tardarías mucho antes de darte cuenta que tus otros cuatro sentidos tienen que aumentar mucho en sensibilidad y percepción. En una ocasión, yo estaba con un amigo en Ottawa, Canadá, y él me contó de un restaurante en su ciudad que es muy singular. Todos los que trabajan allí son ciegos. No hay luz en el restaurante y cuando llegan los clientes se les escolta a sus asientos en la oscuridad. Alguien les dice qué es lo que está en el menú. No pueden ver nada – ni siquiera el alimento cuando llega. Este restaurante es muy popular debido a la experiencia tan singular que ofrece. Los clientes cuentan que el sabor y la textura de la comida se realza y que ellos se dan más cuenta del ambiente incluyendo los sonidos y aromas en el salón. Tienen que hacer uso del tacto para encontrar sus servilletas, cubiertos y platos. Toman su tiempo para comer, al saborear y sentir la textura de los alimentos. Escuchan los sonidos en el cuarto que nunca antes habían percibido. Están más al tanto de las personas con quienes comparten, ya que necesitan enfocarse más en su presencia y percibir dónde están sentados y lo que están haciendo.

Yo estaba intrigada y me preguntaba si un restaurante así tendría muchos clientes, pero aparentemente es tan popular que otros restaurantes parecidos están comenzando a abrir.

Durante el entrenamiento militar, se les entrena a los soldados a mejorar sus sentidos para que en tiempos de guerra y de ataque, estén alertas y al tanto. Practican ejercicios específicos que les ayudan a mejorar sus sentidos para este propósito.

Puedes mejorar tus sentidos naturales a través del ejercicio y enfoque. La Biblia dice que también puedes entrenar tus sentidos espirituales a través de la práctica.

> Pero el alimento sólido es para los maduros; para los que, por la práctica, tienen los sentidos entrenados para discernir entre el bien y el mal. – *Hebreos 5:14 (RVA-2015)*

TUS CINCO SENTIDOS ESPIRITUALES

Tus cinco sentidos espirituales son paralelos a tus sentidos naturales. A continuación explicaremos brevemente cada sentido.

Auditivo

Con este sentido espiritual puedes identificar y discernir la voz y los sonidos de Dios, ángeles, espíritus demoníacos, y sonidos de actividades en la dimensión espiritual.

Vista

Este sentido espiritual te da la capacidad de ver y discernir sustancias, seres y actividades en la dimensión invencible.

Gusto

Así como tienes un sentido físico que te da la capacidad de probar cosas en la dimensión física, también tienes papilas gustativas espirituales. El mundo espiritual tiene sustancias que puedes probar.

Tacto

Puedes sentir y discernir cosas espiritualmente con este sentido.

Olfato

Hay fragancias y olores en el mundo espiritual y Dios te ha creado con la habilidad de detectar e identificarlos.

Los siguientes capítulos te proveen con mayor revelación y entendimiento del desarrollo de cada uno de tus cinco sentidos espirituales.

Oración

Si deseas desarrollar tus cinco sentidos espirituales, ora esta oración:

Querido Padre Celestial,

Yo creo que me has creado con un espíritu, alma y cuerpo y que me has dado cinco sentidos espirituales con el fin de acercarme a ti y de estar más consciente de la dimensión de tu Reino. Oro, en el nombre de Jesús, que mis sentidos espirituales sean abiertos y se desarrollen para tener mayor discernimiento y funcionamiento. Guíame por tu Espíritu a este descubrimiento y crecimiento maravilloso.

¡Gracias, Padre!

Capítulo Dos

EL SENTIDO ESPIRITUAL
AUDITIVO

Mis ovejas oyen mi voz, y yo las conozco, y me siguen.

Juan 10:27 (RVC)

Oír a Dios es tan importante para nuestra relación con Él, porque, ¿cómo puedes disfrutar de una relación personal con alguien con quien no te puedes comunicar? Cuando oímos a Dios, nos acercamos a Él, y entonces le podemos seguir y obedecer.

Cuando yo era nueva creyente, tuve que aprender a identificar la voz de Dios. La mayoría de las veces lo oía mientras estaba orando o leyendo la Biblia. Tenía pocos días de convertida cuando leí Isaías 60 y 61. En ese momento, tal parecía que ya no estaba meramente leyendo las Escrituras, sino que Dios me estaba hablando directamente a través de ellas. Era tan real y personal. Hasta este día (unos 40 años después) estos versículos siguen siendo una palabra personal para mí. Muchos de estos versículos se han convertido en una realidad espiritual para mi vida. Dios habló y yo escuché.

También recuerdo estar sentada en la silla donde solía orar durante unos diez meses y medio desde mi salvación. Me sentía desanimada porque tenía ya casi once meses de ser salva, pero mi esposo todavía no había venido a los pies del Señor. De hecho, me estaba quejando delante del Señor por esto, "¿Acaso nunca se va a salvar Ron?"

Para mi sorpresa, Él contestó. Yo ni siquiera estaba esperando una respuesta, pero llegó, de manera fuerte y clara. Él dijo, "Sí, sí será salvo". Me emocioné tanto que le hice otra pregunta, seriamente presta a recibir Su respuesta. Le pregunté, "¿Cuándo?" La respuesta vino inmediatamente, pero no fue lo que yo esperaba. Yo pensaba que me diría cuántos días, semanas o cuántos meses tardaría. Pero en lugar de eso, el Señor me dijo, "Tan pronto que sueltes tu control sobre tu esposo y me permitas que Yo lleve a cabo Su entrada a Mi Reino".

¡Guau! Eso me dolió, pero reconocí que era de Dios. Yo había tratado tanto de organizar reuniones en las cuales Ron se conectaría con pastores y cristianos maduros. Mis intentos fracasaron terriblemente y solo endurecieron más el corazón de Ron. Ese día, porque escuché la voz de Dios, todo cambió. Me arrepentí y dentro de una semana Ron se entregó al Señor. Es más, Dios me dio la bendición de llevar a Ron a Cristo en oración.

¡Oh, estoy tan agradecida que podemos oír la voz de Dios! Es diferente a cualquier otra voz. ¡Es poderosa y cambia vidas! Su voz produce milagros e imparte gracia.

> La voz del Señor resuena sobre las aguas.
> El Dios de la gloria hace oír su voz.
> El Señor está sobre las muchas aguas.
> La voz del Señor es potente.
> La voz del Señor es majestuosa.
> La voz del Señor desgaja los cedros;
> ¡el Señor desgaja los cedros del Líbano!
> ¡Su voz hace que los montes Líbano y Sirión
> salten como becerros, como búfalos pequeños!
> La voz del Señor lanza llamas de fuego.
> La voz del Señor hace temblar al desierto;
> el Señor hace temblar al desierto de Cades.
> La voz del Señor desgaja las encinas
> y deja los árboles sin hojas,
> mientras en su templo todos proclaman su gloria.
>
> *Salmo 29:3-9 (RVC)*

Tres fuentes

Muchas personas preguntan, "¿cómo puedo saber a ciencia cierta que estoy escuchando a Dios y no meramente mis propios pensamientos?" Es una buena pregunta, porque de hecho podemos oír de tres fuentes principales.

1. Dios

Dios habla a las personas. A través de la Biblia ves a Dios comunicarse con ellas. Cuando Él habla, Sus palabras y Su mensaje siempre se alinean con Su carácter, naturaleza y Palabra. Así es como puedes discernir si Él es a quién estás oyendo o no. Por ejemplo, Su naturaleza es justa y pura, así que Él nunca te hablará de maneras corruptas o inmorales. Sus Palabras siempre serán respaldadas por las Escrituras. Es fácil probar en ese sentido.

2. Uno mismo

Otra fuente es tu persona natural. La Biblia dice que la naturaleza carnal del hombre es contraria al Espíritu de Dios.

> La mentalidad pecaminosa es enemiga de Dios, pues no se somete a la ley de Dios, ni es capaz de hacerlo. – *Romanos 8:7 (NVI)*

Cuando deseo oír de Dios, no quiero que intervengan mis propias agendas, pensamientos, ni imaginaciones. La

Biblia dice que yo puedo literalmente derribar los pensamientos que están en mi mente para que no interfieran ni impidan que yo escuche de Dios.

> Derribando argumentos y toda altivez que se levanta contra el conocimiento de Dios, y llevando cautivo todo pensamiento a la obediencia a Cristo,
> *2 Corintios 10:5 (RVR60)*

Antes de buscar al Señor, oro una oración sencilla para impedir que mi "yo" sea una fuente cuando intento escuchar a Dios: "En el nombre de Jesús, derribo todo pensamiento, imaginación y agenda que viene de mi propia naturaleza carnal. Solo me someto a oír del Espíritu Santo".

3. El diablo

El diablo (y su séquito demoníaco) nos tienta, así que tiene una voz. La Escritura dice que él es el padre de mentiras (Juan 8:4), así que no nos queremos someter a

Cuando Dios habla, Sus palabras y Su mensaje siempre se alinean con Su carácter, naturaleza y Palabra. Su naturaleza es justa y pura, así que Él nunca te hablará de maneras corruptas e inmorales.

él ni escuchar lo que él tiene que decir. Me gusta eliminar su voz cuando busco al Señor, diciendo, "En el nombre de Jesús, ato toda interferencia demoníaca y le prohíbo hablarme".

En Mateo 16:19 Jesús dijo que todo lo que "atamos" en la tierra será respaldado en el cielo. Atar significa amarrar con cadenas, amordazar, impedir que opere.

Si destruimos pensamientos, imaginaciones y agendas, atamos al enemigo, y luego invitamos al Espíritu Santo a llenarnos de nuevo mientras esperamos escuchar la voz de Dios, creceremos en la habilidad de oír la voz de Dios.

ALGUNAS MANERAS EN QUE PUEDES OÍR CON TU SENTIDO AUDITIVO

1. "PENSAMIENTOS QUE VIENEN DE DIOS"

La manera más común en que las personas oyen espiritualmente es a través de sus pensamientos. Nuevamente, lo importante que hay que considerar aquí es la fuente. Tu mente puede recibir pensamientos de las tres fuentes que mencionamos anteriormente, pero nuestro mayor deseo es aumentar nuestro discernimiento y nuestra habilidad de identificar aquellos pensamientos que vienen de Dios. Estos pensamientos por lo general vendrán de la misma manera en que recibes otros pensamientos, pero su fuente es Dios. Puedes identificarlos al probarlos para ver si se alinean con el carácter, la naturaleza y la Palabra de Dios.

Cuando yo era ministra joven, me pidieron un domingo por la mañana que predicara en una iglesia local. Oré y busqué al Señor por más de un mes pero no podía recibir dirección en cuanto al mensaje. Para ser honesta, entré en un estado de ansiedad. La noche antes de que estaba programada para predicar, yo todavía no había recibido el mensaje. No tenía apuntes, ni inspiración – ¡simplemente no tenía nada! Intenté despertar a mi esposo para que compartiera conmigo mi preocupación, pero él no se dejó. Simplemente me dijo, "Duérmete. Recibirás el mensaje a su debido tiempo". Pensé, "Es fácil para él decir eso; él no tiene que predicar". Me comencé a imaginar cómo se vería si me paraba en la plataforma sin un mensaje, y luego ... me preocupé aun más.

Cuando empezó a salir el sol, yo todavía no tenía mi mensaje. Llena de ansiedad, lágrimas y aprehensión, me levanté y manejé a un lago cerca del lugar donde nos estábamos quedando. Me bajé del carro, me senté a la orilla del lago, rogándole a Dios por un mensaje ... pero todavía nada. Dirigí mi mirada al agua y vi mi reflejo en las aguas. Luego, la voz quieta, apacible e interior de Dios habló clara y gentilmente en mis pensamientos: "Comparte reflexiones de tu vida. Abre tu boca y Yo la llenaré".

La llegada de la palabra trae luz y crea fe. Ese sencillo pensamiento por parte de Dios cambió todo para mí. Ahora yo sabía qué hacer y podía confiar en que Él se encargaría de que todo saliera como debía.

La iglesia fue impactada ese día – y muchas personas fueron profundamente tocadas. Un número considerable vino a los pies de Cristo. El altar estaba lleno.

En otra ocasión escuché al Señor hablarme por medio de pensamientos. Ocurrió un día hace muchos años mientras yo trabajaba en mi oficina, ubicada en un edificio comercial. Ese día, un hombre entró por la puerta, se presentó, y comenzó a hacerme preguntas acerca de nuestro ministerio (vio el letrero en nuestra puerta que indicaba que éramos un ministerio cristiano). Él luego me presentó el producto y plan de negocios que él vendía, intentando convencerme que lo comprara, y en medio de la conversación comentó, "Yo también soy cristiano". Me emocionó escuchar eso, por lo cual decidí seguir escuchando su propuesta, cuando entró a mi mente una voz (pensamiento) interior que dijo, "No, él no es cristiano. Está mintiendo". ¡Fue un pensamiento tan fuerte! Y tal parecía que había llegado "de la nada". Causó que yo fuera más cautelosa. Le pedí al hombre que me compartiera su experiencia de recibir a Cristo, y mientras lo escuchaba, una y otra vez la voz en mis pensamientos decía, "No es cierto. Está inventando".

Amablemente le pedí que se fuera, aunque él había sido muy agresivo y persistente al presentarme su propuesta. Posteriormente descubrí que él estaba involucrado en un plan comercial engañoso y que había engañado a muchos. La voz de Dios me había protegido.

Cuando la voz de Dios habla para dar revelación como esa, no lo hace con condenación. Más bien, simplemente está comunicando un hecho. Nunca he experimentado que la voz de Dios sea condenadora o acusadora, pero sin duda que ha sido reveladora y a veces estricta.

2. Voces y sonidos audibles

A veces uno puede escuchar sonidos que nuestros oídos naturales pueden escuchar, pero vienen de la dimensión espiritual. Posiblemente escuches un sonido específico con tu sentido espiritual auditivo, aunque otros no lo oigan. Recuerdo una vez cuando yo estaba enseñando en la Escuela de Gloria en Canadá donde más del 80 por ciento de la clase escuchó el sonido de *shofares* (trompetas hechas de cuernos de carneros). Sin embargo, no había evidencia de la presencia de shofares en el área. El sonido era tan claro, que parecía que había alguien físicamente presente en la sala que estaba haciendo sonar el shofar.

En otra ocasión, escuché mi nombre de manera audible, y otra vez más escuché a Dios audiblemente darme un mensaje. Otras veces he escuchado a relojes despertadores o el timbre de teléfonos que me han despertado, aunque el despertador o el teléfono no han sonado en la dimensión física. Esto me ha ocurrido varias veces.

Frecuentemente escucho a ángeles cantar durante el período de adoración. Ellos cantan en un tono más alto que lo natural, así que lo puedes distinguir fácilmente. La primera vez que escuché a ángeles cantar, yo tenía menos de un año de cristiana. Era como si yo trajera puestos audífonos. No podía escuchar nada más en la sala, pero mis oídos —de hecho, todo mi ser— estaban llenos del sonido del canto de multitudes de ángeles. Era como el sonido de instrumentos musicales.

3. Voces audibles interiores

A veces tu sentido espiritual auditivo identificará una voz o un sonido audible en tu interior. Es más fuerte y más definido que un pensamiento, pero no lo escuchas en lo exterior. Escuchas el sonido desde tu interior, pero suena tan fuerte y claro que tiene el mismo impacto que si hubiera venido desde afuera.

Una vez hace ya algunos años cuando estaba sirviendo en el campo misionero, yo estaba manejando por una carretera y estaba a punto de dar la vuelta hacia una calle que me llevaría a mi destino. Cuando estaba a punto de dar la vuelta, escuché una voz audible interior que dijo,

"NO te dirijas a esa calle". Era tan fuerte que seguí en mi camino. Descubrí posteriormente que algunos miembros de una pandilla habían disparado sus armas y matado a dos personas justo en esa calle en el momento que yo hubiera estado si no hubiera obedecido la voz interior. Esa voz me libró de encontrarme en medio de una situación peligrosa.

En otra ocasión (también en el campo misionero) yo estaba cansada y quería regresar al hotel. Había sido un día largo de ministerio durante la temporada de lluvias en Camboya. Habíamos estado caminado en el lodo todo el día y yo me sentía desgastada, hambrienta, y en necesidad de un buen baño. Lo único que quería era regresar a mi cuarto, bañarme, comerme unas rebanadas de pizza y acostarme –y era justo hacia donde me dirigía cuando… una voz audible interior dijo, "¿Me acompañarás a un lugar más? Tengo una misión para ti allí".

A veces tu sentido espiritual auditivo identificará una voz o un sonido audible en tu interior.. Aunque lo escuchas desde tu interior, suena tan fuerte y claro que tiene el mismo impacto que si hubiera venido desde afuera.

Fue más fuerte que un mero pensamiento en mi mente. Fue una "Voz". Inmediatamente supe que el baño, la pizza y la cama iban a tener que esperar. Seguí la dirección del Señor a este otro lugar y tuve el privilegio de ayudar a rescatar a un niño que era un esclavo en el tráfico de sexo. Este pequeño ha estado bajo nuestro cuidado y custodia legal desde entonces. Su vida fue cambiada radicalmente gracias a "La Voz".

4. Sueños

Frecuentemente los sueños se presentan de tal manera que parecen ser películas. Puedes detectar moción y sonido. Puedes escuchar los sonidos de agua, viento, voces, instrumentos y ruido en tus sueños. No todos los sueños son espirituales, pero muchos sí lo son y contienen mensajes. Sabes que un sueño espiritual es diferente porque es más impactante que un sueño normal y permanece en tus recuerdos.

Recuerdo una ocasión cuando escuché en mi sueño sonidos que tuvieron un impacto significativo en mi vida. Yo estaba creyéndole a Dios que Él proveería fondos para cumplir con una asignación del ministerio. Era el último día que yo tenía para comprar el boleto del vuelo, mas la cantidad necesaria todavía no se había manifestado. Antes de despertar esa mañana, tuve un sueño en el cual vi una pila de billetes de veinte dólares que sumaban toda la cantidad que necesitaba, y luego una voz audible en ese sueño dijo enfáticamente, "Ve a comprar tu boleto".

Durante la mañana, Dios sobrenaturalmente me proveyó de todos los fondos necesarios, en billetes de $20.00 dólares. Por la tarde pude ir a la agencia de viajes y comprar el boleto.

5. Mensajes visuales

¿Alguna vez has estado dirigiendo tu auto por una calle por la cual has conducido múltiples veces, y de repente una cartelera que has visto vez tras vez te resalta, e inmediatamente su mensaje te impacta de una manera que no tiene nada que ver con el mensaje o significado original? ¿Sientes como si Dios te estuviera hablando profundamente a través de la cartelera? Probablemente sí.

Lo mismo puede ocurrir con otros anuncios, números de placas, titulares o citas en un libro. Puedes escuchar un mensaje a través del entendimiento que te viene a través de estos detonantes visuales.

Dos miembros de nuestro equipo estaban viajando de regreso desde Tucson a nuestra sede en Maricopa, Arizona. Se detuvieron en el pueblo de Casa Grande para comprar gasolina, luego regresaron a la carretera, a unos 20-30 minutos antes del punto de salida al pueblo. Inmediatamente ambos vieron un destello de luz con su visión periférica. Apenas un instante después, vieron que acababan de pasar de lado el punto de salida hacia Maricopa. Estaban atónitos; se miraron el uno al otro en total asombro, siendo que lo que acababa de ocurrir era imposible en lo natural. Uno le preguntó al otro, "¿Acabamos de ser transportados en el Espíritu?" Ambos pensaron que esto bien podría ser una posibilidad, pero le pidieron a Dios que les diera una confirmación. De repente un camión de transportes pasó por en frente de ellos. El nombre de la compañía estaba escrito en grandes letras en la parte posterior del camión: Transportes del Pacto. Supieron entonces que habían escuchado la voz de confirmación por parte del Señor.

El Señor frecuentemente me habla a través de números. Por una larga temporada estuve viendo los números 818 y 111 en todo lugar – en relojes, despertadores, placas, canales de televisión, etc. Dios me estaba dando una confirmación a porciones bíblicas que me había dado durante mis tiempos devocionales; Deuteronomio 8:18 y 1:11. Cada vez que yo veía esos números, me acordaba de las promesas en esos versículos.

6. Ángeles

En ocasiones, Dios envía a ángeles para traer mensajes a Su pueblo. Cuando estos aparecían en la Biblia, frecuentemente decían cosas tales como, "No temas", o en el caso de María, madre de Jesús, Gabriel le dijo, "Salve, favorecida". No es raro que ángeles nos traigan mensajes hoy en día. A veces no puedes ver al ángel, pero lo puedes escuchar.

Mientras viajaba por Canadá, tuve un encuentro angelical. En esa experiencia la voz del Señor habló a través de un ángel, declarando que Él estaba vigilando para que Su Palabra se cumpliera en nuestra nación.

En mi visitación al tercer cielo en 1994, escuché a multitudes de voces angelicales que se estaban riendo. El Señor me recordó del Salmo 2:4: "El que mora en los cielos se reirá".

Poniendo a prueba lo que escuchas

Todo necesita ser puesto a prueba y la fuente discernida. Tal como mencioné anteriormente, puedes discernir la voz de Dios. Su voz es amorosa, bondadosa, veraz, llena de gracia, justicia y pureza. Su voz siempre se conforma a Su carácter, Su naturaleza y Su Palabra – y *éstas son tus herramientas para medir.*

La voz de la carne, así como la demoníaca puede ser acusadora, condenadora, egoísta, avara, contraria a las Escrituras., y contraria a la naturaleza de la Palabra de Dios. La voz de Dios, por el otro lado, es amorosa, llena de verdad, misericordia, justicia y pura – siempre confirmada por las Escrituras.

Siempre quieres juzgar el contenido a la luz de su importancia en tu vida. ¿Por qué estás recibiendo esta información? ¿Cuál es su propósito en tu vida? ¿Cómo la aplicas?

Hay tres etapas a la revelación

1. Recepción de la revelación
2. La interpretación de la revelación.
3. La aplicación de la revelación

Cada etapa necesita discernirse en cuanto a su veracidad, interpretación y aplicación. Cuando recibes la revelación, pruébala para discernir su fuente con tus tres herramientas de medir mencionadas arriba. Además, ora por la interpretación correcta. Frecuentemente, Dios no habla "a lo directo" sino en "parábolas" o simbólicamente. Después de discernir la interpretación correcta, entonces ora por la aplicación. Sé un buen administrador de lo que escuchas.

Posiblemente tengas que pasar un tiempo en oración por lo que has escuchado, o tal vez ponderar las cosas en tu corazón por un tiempo, o ya sea que tengas que tomar una acción inmediata específica. Para esto necesitas discernimiento.

Preparación para escuchar

Cuando te estás preparando para escuchar:

1. Deshazte de las opciones indeseables

Como ya mencioné, puedes eliminar las opciones de la carne y lo demoníaco al orar para derribar pensamientos, imaginaciones, cargas y percepciones y atar la voz del diablo en el nombre de Jesús. Cuando oras esta oración de preparación en fe, sin dudar, te estás posicionando para eliminar esas opciones.

Una oración muestra:

En el nombre de Jesús, derribo mis propios pensamientos carnales, imaginaciones, percepciones, y cargas que se levantan contra el conocimiento de Dios. Además, en el nombre de Jesús, ato cualquier voz, sonido, agenda o tentación demoníaca que contaminará mi habilidad espiritual para escuchar correctamente de Dios. AMÉN

2. Santifícate

La santificación significa apartarte para Dios. Tu mente, por ejemplo, fue creada por Dios para que razones con Él y recibas Sus pensamientos. Como resultado de la caída del hombre, hemos permitido que pensamientos pecaminosos entren a nuestra mente. Es posible tener agua pura que fluye de una fuente pura, pero si pasa por tubería oxidada, se contamina. Quieres escuchar correctamente, así que invita al Espíritu Santo que te haga reconocer cualquier pecado no confesado, y luego pídele que te perdone por cualquier pensamiento que haya entrado a tu mente que no era de Él. Él te perdonará y limpiará tu mente de toda injusticia (1 Juan 1:19).

3. Sé lleno de nuevo con el Espíritu Santo

También me gusta invitar al Espíritu Santo a que me llene de nuevo con Su vida, Su luz, y Su amor cuando estoy buscando escuchar Su voz. Cuando estás totalmente lleno con el Espíritu Santo, puedes tener la seguridad de que lo escucharás.

Recibes por fe la santa confianza de que escucharás de Dios, al 1)creer que Dios contestó tu oración de quitar todas las opciones indeseables, 2)apartarte para Dios y 3) creer que te estás llenando de nuevo con el Espíritu Santo.

4. Escucha

Puedes oír si estás escuchando. Está atento para escuchar la voz del Espíritu Santo y crecerás en discernimiento.

Cómo desarrollar la habilidad para oír

A continuación, se presentan algunos puntos que te ayudarán a desarrollar tu habilidad de oír en el espíritu.

1. Posiciónate para escuchar

María de Betania se posicionó a los pies de Jesús y se aferró a cada palabra que Él hablaba mientras que Marta se mantenía distraída con muchos quehaceres (Lucas 10:38-42). He descubierto que entre más presta estoy para escuchar Su voz, más oigo. En 1 Samuel 3:9, el joven Samuel dijo, "Habla, Señor, que tu siervo escucha".

¿Alguna vez te ha dicho alguien, "Silencio, ¿puedes oír eso?" Tú contestaste, "No, no oigo nada". Volvió a decir, "Shhh... escucha". Luego, cuando aquietaste tus pensamientos y te concentraste en escuchar, oíste.

Esto funciona de la misma manera en el desarrollo de tu sentido espiritual de audición.

2. Lee la Palabra buscando palabras rhema

Las Escrituras son inspiradas por el Espíritu Santo. En otras palabras, tienen a Dios por autor. Al leer la Palabra, pídele al Señor que te hable. Jesús dijo, "Las palabras que Yo hablo son espíritu y vida" (Juan 6:63). Si lees la Biblia desde una perspectiva académica, recibirás una bendición, pero cuando lees para "escuchar lo que el Espíritu está diciendo", recibirás lo que llamamos rhema". Esta es una palabra griega que se refiere a una palabra inspirada por el Espíritu. Es tu pan fresco del cielo.

Procura leer la Biblia hasta que una porción en particular "te salte". Ese es Dios hablándote. Lo que estás escuchando es el Espíritu que te está hablando. Entre más buscas "rhema" (palabra inspirada por el Espíritu), más la encontrarás. Entre más lees la Palabra, más oportunidad habrá para que el Espíritu te hable.

3. Registra todo en un diario personal

Escribir en un diario lo que estoy escuchando me ha resultado muy poderoso. Escribe lo que crees que estás escuchando de Dios. Luego repásalo una y otra vez, meditando, reflexionando, ponderando. Permite que penetre en lo profundo de tu corazón y que llegue a ser parte de ti. Me ha resultado benéfico regresar a diarios pasados y leer las revelaciones que el Espíritu me dio en el pasado. A veces Él volverá a entablar conversación contigo en cuanto a esas revelaciones, haciendo que lleguen a ser todavía más profundas y fuertes.

4. Haz preguntas que demanden respuestas

Una manera que ha resultado benéfica al desarrollar mi habilidad para oír es intencionalmente hacerle a Dios una pregunta que requiere una respuesta. Por ejemplo, consúltale acerca de una situación que requiere que tengas sabiduría, y luego espera hasta que te dé una respuesta. Escribe en un diario tu pregunta, escucha hasta que recibes Su respuesta, y luego escribe en tu diario Su respuesta. A veces Él te guiará a leer varias porciones bíblicas que tienen claves para ti, o te hablará a través de pensamientos. En otras ocasiones, por los siguientes días o semanas, encontrarás que te habla a través de circunstancias inesperadas o "momentos de Dios".

5. Confirma con la Palabra

Desarrolla tu habilidad para oír al confirmar todo con las Escrituras. El profeta Bob Jones, antes de que se fuera a la gloria, solía decir, "Examina todos tus encuentros espirituales con las Escrituras". Al comprometerte con este proceso, desarrollarás madurez, exactitud y excelencia en tu habilidad para oír.

6. Cree (Fe y acción)

La fe es vital en todo lo que tenga que ver con la vida en el Reino. En primer lugar, cree que PUEDES oír de Dios y luego cree en lo que has recibido. Los hijos de Israel oyeron la voz de Dios, pero posteriormente dudaron y endurecieron sus corazones. Nuestro camino con Dios es un camino de fe. Él quiere que creamos. No tengas miedo de tomar riesgos. Actúa en fe.

Te desarrollarás igualmente por medio de tus errores así como por tus éxitos. Irás madurando en tu habilidad para oír al ejercer tus sentidos. Cree y actúa.

No tengas miedo de tomar pasos de fe y creer lo que estás oyendo. A veces, puede que no lo captes perfectamente, pero Dios te está aplaudiendo porque lo intentaste. Cuando mi nieto comenzó a caminar, sus pasos no eran perfectos; de hecho, solía tomar uno o dos pasos, y luego se caía. Sus pies no estaban firmes, pero así es cómo los niños aprenden a caminar. Es un proceso normal. Sería tan triste que un niño quedara en su cuna hasta que cumpliera veinte años a causa de su temor de no poder caminar perfectamente al intentarlo. Caer unas cuantas veces es parte del proceso.

¡Qué gusto me da que estás caminando!

Sin fe es imposible agradar a Dios, porque es necesario que el que se acerca a Dios crea que él existe, y que sabe recompensar a quienes lo buscan.

Hebreos 11:6 (RVC)

Capítulo Tres

EL SENTIDO ESPIRITUAL DE LA VISTA

La Biblia nos da varias referencias en cuanto a ver en la dimensión del espíritu. Un ejemplo significante se encuentra en 2 Reyes 6:14-17 donde Eliseo se encuentra rodeado por un gran ejército. Él no estaba preocupado, porque en el espíritu podía ver más allá de la dimensión natural. Él vio que había más con él que los que estaban contra él. Ver esto le daba gran confianza, ánimo y fe.

El siervo de Eliseo, sin embargo, no podía ver en esa dimensión. Como resultado, él estaba temeroso y desesperado. Eliseo oró a Dios, pidiendo que los ojos de su siervo se abrieran para poder ver la dimensión espiritual. Como resultado, a este siervo le fue dada vista espiritual capacitándolo para ver los ejércitos de Dios que estaban presentes para defenderlos.

> Acto seguido, Eliseo oró con estas palabras: "Señor, te ruego que abras los ojos de mi siervo, para que vea." El Señor abrió los ojos del criado, y éste miró a su alrededor y vio que en torno a Eliseo el monte estaba lleno de gente de a caballo, y de carros de fuego. – *2 Reyes 6:17 (RVC)*

El apóstol Pablo entendía la importancia de la vista espiritual y oró específicamente que fueran abiertos los ojos de la iglesia de Éfeso. Muchos creyentes siguen haciendo esta misma oración hoy en día:

> Que el Dios de nuestro Señor Jesucristo, el Padre de gloria, les dé espíritu de sabiduría y de revelación en el conocimiento de él.
>
> Pido también que Dios les dé la luz necesaria para que sepan cuál es la esperanza a la cual los ha llamado, cuáles son las riquezas de la gloria de su herencia en los santos. – *Efesios 1:17,18 (RVC)*

EL SENTIDO ESPIRITUAL DE LA VISTA TE DA LA HABILIDAD DE:

1. PERCIBIR ESPIRITUALMENTE (LOS OJOS DEL ENTENDIMIENTO).

- La habilidad de ver, oír o estar consciente de algo a través de la revelación espiritual.

- Llegar a estar consciente de algo a través de los sentidos espirituales.

- Una manera de considerar, comprender, o interpretar algo en el espíritu; una impresión espiritual.

> Como Jesús lo entendió, les dijo: ¿Por qué discuten? ¿Porque no tienen pan? ¿Todavía no entienden ni comprenden? ¿Tienen endurecido su corazón? Teniendo ojos, ¿no ven?
> *Marcos 8:17,18 (RVA-2015)*

Esta clase de percepción te da la habilidad de "ver Verdad" – para que tus ojos espirituales puedan ver los caminos del Espíritu. Muchas veces yo puedo ver las luces encenderse en los corazones de las personas cuando veo la verdad. Probablemente recuerdas momentos cuando tus ojos espirituales (percepción y entendimiento) fueron abiertos para contemplar la Verdad que viene del Señor. Es glorioso. Antes de leer la Palabra, pide que se abran los ojos de tu entendimiento para que puedas recibir revelación del Señor.

2. Ver imágenes, seres y movimiento en la dimensión espiritual

> La palabra del Señor vino a mí, y me dijo: "¿Qué ves tú, Jeremías?" Yo dije: "Veo una vara de almendro."
> *Jeremías 1:11 (RVC)*

> Y entrando el ángel en donde ella estaba, dijo: ¡Salve, muy favorecida! El Señor es contigo; bendita tú entre las mujeres.
>
> Mas ella, **cuando le vio**, se turbó por sus palabras, y pensaba qué salutación sería esta.
>
> *Lucas 1:28-29 (RVR60)*

> Dios ha dicho: En los últimos días derramaré de mi Espíritu sobre toda la humanidad. Los hijos y las hijas de ustedes profetizarán; sus jóvenes tendrán visiones y sus ancianos tendrán sueños.
>
> *Hechos 2:17 (RVC)*

La Biblia está llena de ejemplos donde el pueblo de Dios vio una visión con su sentido espiritual de vista. Ezequiel vio a los querubines en Ezequiel 1 y el valle de los huesos secos en Ezequiel 37. Daniel y Juan vieron visiones de los últimos tiempos. Muchos otros en la Biblia registraron la visión que vieron. Como creyente en Jesús, tú también tienes la habilidad de ver en el espíritu.

ALGUNAS MANERAS EN QUE PUEDES VER CON TU SENTIDO ESPIRITUAL DE LA VISTA

1. IMPRESIONES E IMÁGENES LIGERAS EN LA MENTE O LA IMAGINACIÓN

La manera más común en que los creyentes ven es por identificar imágenes que Dios les pone en su imaginación. A veces son muy leves. Necesitan aprender a prestarles atención a estas imágenes poderosas. Tu imaginación es la parte de tu mente que Dios creó en ti para que recibas visión e imágenes. Siempre "verás" a través del uso de tu imaginación. Por ejemplo, nunca tendrás una visión en tus dedos, labios, pulmones o hígado. No, la visión está conectada a tu imaginación. Una vez que tengas una visión, la puedes recordar, porque queda grabada en el banco de memoria de tu imaginación.

Muchos temen que lo que están recibiendo es "solo su imaginación" – pero no hay que menospreciar este medio maravilloso que Dios te ha dado para ver imágenes. Necesitamos celebrar la imaginación y abrazar las cosas que Dios nos revela a través de su uso. La pregunta más bien ha de ser, "¿Cuál es la fuente de lo que estamos viendo?" Estamos buscando recibir la inspiración y la visión de Dios.

En una ocasión yo estaba orando por una mujer que estaba en la fila de personas solicitando oración. Yo no

> No temas recibir algo que "solo está en tu imaginación," pues es un medio maravilloso que Dios te ha dado para ver imágenes. Más bien, pregunta, "¿Cuál es la fuente de lo que estoy viendo?" Estamos buscando la inspiración y visión de Dios.

sabía por qué se había acercado, pero cuando puse mis manos sobre ella, tuve una impresión en el ojo de mi mente de un bebé en su matriz. No era una impresión muy vívida, pero sentí que debía actuar en base a ella. Tenía un sentido de que debía romper la infecundidad en ella y declarar que ella sería fértil. Lo hice y ella inmediatamente exclamó, "¡Siempre he querido un hijo pero soy infértil!" Respondí con fe y emoción y dije, "Veo un bebé en tu matriz. Creo que te vas a embarazar". Y así sucedió. Dos meses después me llamó para decirme que estaba embarazada. Ella dio a luz a un bebé ... y posteriormente a dos más.

Nunca subestimes ni la visión más leve.

2. Visión abierta

Una visión abierta es cuando estás viendo en la dimensión espiritual con tus ojos físicos abiertos. Tu sentido espiritual de la vista y tu sentido natural se sincronizan en esta clase de visión. A veces un individuo puede ver algo pero nadie más en el cuarto lo ve.

Una noche yo estaba en mi sala, orando con algunos amigos. El cielo de nuestra sala era muy alto, casi cinco metros ... el comedor estaba en un balcón interior que se podía ver desde abajo. Interrumpí mis oraciones y alcé mis ojos y tuve una visión abierta de un gran ángel que llenaba la sala ... la parte superior de su cabeza salía del techo. El ángel medía alrededor de seis metros. Vi su forma, su color y algunas de sus características. Totalmente asombrada, grité, porque no esperaba verlo. Había otros en la sala, pero yo era la única que lo podía ver. Cuando grité, desapareció de mi visión y nunca más he visto a ese ángel con visión abierta. Todavía es vívido para mí. Cuando pienso en él, una vez más puedo "verlo" a través de la memoria de mi ojo. He visto otros ángeles en otras ocasiones también con visión abierta

Eventualmente veo luces y nubes de gloria con visión abierta. A veces veo destellos de luz con mi visión periférica. Y otras más he visto corrientes de luz de varios colores, o una nube visible que descansa sobre alguna área.

Es común que las personas piensen que una visión abierta o un trance carga más autoridad o es más poderosa que una impresión leve en el ojo de la mente. Aunque sin duda sea más dramático, no necesariamente es más poderoso o imponente. Es simplemente una manera diferente que Dios usa para comunicarse. Cada manera es única y cada manera es significante. Es lo mismo con los pensamientos pequeños y apacibles en nuestra mente comparados con una voz audible. Simplemente son diferentes. Una forma no es más importante que la otra.

En una ocasión el Señor me preguntó, "¿Cuándo te era necesario levantar la voz cuando estabas criando a tus dos hijos?" Contesté, "Cuando estaban lejos y no estaban escuchando". El Señor me explicó que así también es con Él y Su relación con nosotros. Lo leve, ya sea que se trate de visión o sonidos, no significa necesariamente que sea menos importante o poderoso.

3. Visión de ojos cerrados

En una visión de ojos cerrados, tus ojos físicos están cerrados, pero ves una visión vívida y clara en los ojos de tu mente; casi tan claro como si tus ojos estuvieran abiertos. Es más preciso y claro que una imagen o impresión ligera en la mente o imaginación.

4. Visión de trance

Una visión de trance es cuando te encuentras en un estado como de sueño mientras que estás despierto. De hecho, estás dentro de la visión cuando estás en un trance. La visión es clara y vívida.

Yo estaba orando por una amiga la primera vez que entré en una visión de trance. Inmediatamente me encontré en una dimensión donde había un sinnúmero de bendiciones espirituales flotando en esta dimensión. Me di cuenta por el Espíritu que yo estaba de hecho dentro de Efesios 1:3 (RVC):

> Bendito sea el Dios y Padre de nuestro Señor Jesucristo, que en Cristo nos ha bendecido con toda bendición espiritual en los lugares celestiales.

En ese encuentro, el Señor reveló pasos de fe que yo había de tomar para obtener Su voluntad en una situación en particular por la cual yo había estado orando.

5. Sueños

Cuando estás dormido puedes soñar. Habrá veces que la fuente de tu sueño será espiritual y "verás" escenas tomar lugar delante de ti que tienen significado espiritual. La Biblia tiene muchos ejemplos de Dios o ángeles visitando en sueños con mensajes para el recipiente. Personajes bíblicos tales como José, Nabucodonosor, y otros tuvieron sueños. Los sueños con frecuencia se revelan en forma simbólica y requieren de la interpretación de Dios. Si pides interpretación, Él te la revelará.

Personalmente he experimentado algunos sueños profundos. Algunos han sido la impartición de revelación y perspectivas divinas; otros me han dado dirección, y otros han sido sueños de advertencia para guardarme y protegerme del mal

6. Soñar despierto

Cuando sueñas despierto, estás despierto pero entras en un estado como de soñar. No es tan vívido o realista como un trance, pero en tu mente toma lugar una escena. En ocasiones estos sueños despiertos son iniciados por Dios.

Mi llamamiento para predicar me fue dado en un sueño despierto cuando yo tenía poco de cristiana. Al principio, no comprendí que era del Señor revelándome mi destino. De hecho, volví a soñar lo mismo tres veces y cada vez lo rechacé, pensando que era mi propia mente iniciándolo. Yo pensaba que estaba pensando estas cosas a causa del orgullo, y que necesitaba arrepentirme de ello. Fue unos dos años después cuando justo lo que había soñado llegó a ocurrir. El Señor me habló en ese momento y me dijo, "Este día el sueño se ha cumplido".

Preparación para ver

1. Deshazte de opciones no deseadas

Nuevamente, es importante darnos cuenta de que podemos ver cosas de tres fuentes diferentes: Dios, nosotros mismos o el diablo. Querrás eliminar todas las fuentes que no son de Dios. Ora una oración para derribar tus propios pensamientos, imaginaciones, cargas y percepciones, atando las visiones del diablo en el nombre de Jesús. Cuando oras esta oración de preparación en fe, sin dudar, estás eliminando esas opciones.

Una oración ejemplo

En el nombre de Jesús, derribo mis propios pensamientos, imaginaciones y percepciones carnales, y cargas que se levantan en contra del conocimiento de Dios. También, en el nombre de Jesús, ato toda visión demoníaca, agenda, tentación que contaminará mi visión espiritual. Amén.

2. Santifica tu imaginación

Recuerda que la santificación significa apartarte para Dios. Tu imaginación fue creada por Dios para que pudieras recibir visión como Él. Originalmente, tu imaginación (el centro de tu visión) era pura y sin contaminación, pero a causa de la caída de la humanidad, imágenes pecaminosas han llenado nuestras imaginaciones. Tal como mencioné anteriormente, es posible tener agua pura fluyendo de una fuente pura, pero si pasa por tubería oxidada, se contamina. Quieres ver correctamente, así que invita al Espíritu Santo a convencerte de cualquier pecado no confesado y pídele que te perdone por cualquier imagen que ha entrado a tu imaginación que no era de Él. Él te perdonará y limpiará tu mente de toda injusticia (1 Juan 1:9).

3. Sé lleno de nuevo con el Espíritu Santo

Cuando tu imaginación está llena del Espíritu Santo, tienes el poder para ver con tu sentido espiritual de la vista. En ocasiones me gusta empaparme en la presencia del Señor, intencionalmente invitándolo a llenar mi mente e imaginación con Su poder y presencia. Lo invito a despertar mi visón para ver tal como Él ve.

4. Mira

¿En alguna ocasión te ha llamado la atención algo que acababas de ver mientras manejabas por la carretera, así que inmediatamente les dijiste a tus amigos sentados en el asiento de atrás, "¡Qué impresión! ¡Mira eso!" Estás viendo algo que ellos todavía no han visto. Ellos tienen que mirar a fin de ver lo que tú estás viendo.

En ocasiones, como en un sueño, tú no estás intencionalmente buscando una visión, sino que la visión viene a ti. Sin embargo, puedes prepararte para ver con el sentido espiritual de la vista al "mirar" intencionalmente. En otras palabras, sé intencional en cuanto a lo que ves. Mira con la intención de ver qué es lo que Dios quiere mostrarte.

He jugado el juego de las escondidas con mis nietos. Escondo pequeños tesoros y sorpresas para ellos (por lo general en alguna parte que puedan ver fácilmente, dependiendo de su edad) para que los puedan encontrar. Entonces ellos se dedican a buscar y encontrar los tesoros. Cuando buscan, encuentran.

Así es como puedes posicionarte para desarrollar tu sentido espiritual de vista. Busca intencionalmente obtener una visión. Te asombrarás al ver cómo madurarás en tu vista si simplemente miras.

Maneras de desarrollar el sentido de vista

1. La postura de expectación

Colocarte en una postura de expectación para ver es siempre importante. Toma un tiempo en tu horario para encontrarte con Dios en un lugar donde no hay distracciones. Ora usando los puntos de preparación arriba mencionados o espera en Dios con expectación. Cree que eres capaz de ver y verás.

2. Medita sobre visiones bíblicas

Una de las herramientas que aumentará tu habilidad de ver es someter tu mente e imaginación a las visiones encontradas en las Escrituras. Toda Escritura ha sido inspirada por el Espíritu Santo, y los profetas en las Escrituras comunicaban bajo una unción poderosa. Cuando meditas en estas porciones inspiradas por Dios y sometes las visiones dentro de ellas a tu imaginación, abrirás tu capacidad para ver proféticamente.

Toma una porción de las Escrituras tal como Ezequiel 1 que está llena de visión. Medita en cada versículo, uno a la vez, invitando al Espíritu Santo a revelar la visión y a sellarla en tu imaginación. Permite que tu imaginación vea lo que le mostró al profeta. Permite que tus ojos lo vean – o imagínalo. La autoridad de la

Palabra y la visión en la cual estás meditando, tal como te la revela el Espíritu, despertará tu sentido de vista.

3. Dibuja la visión

Otra herramienta que me ha ayudado es dibujar las impresiones que el Señor me revela. Es divertido también pintar el dibujo según lo que ves en los ojos de tu mente. Puedes usar tu diario devocional para esto y así lo tienes a la mano para repasarlo más tarde.

Mis amistades me compraron un caballete, pinturas, y lienzos un año como regalo de cumpleaños. Así que en ocasiones yo cerraba la puerta de mi oficina, colocaba música de adoración e invitaba al Espíritu Santo a inspirar la visión dentro de mí. Conforme lo hacía, yo pintaba aspectos de la visión en el lienzo. Me ayudó a despertar el sentido de vista espiritual.

4. El poder del testimonio

Otra herramienta es leer o escuchar de visiones inspiradas por Dios que otros han tenido. Al leer la descripción de la visión o escucharla mientras que alguien la comparte, pide al Espíritu Santo que te dé una imagen visual. Nuevamente, esta es otra herramienta para despertar en ti el sentido de vista.

Te han sido dados ojos para ver – tanto en lo natural como en el espíritu. Oro que tu visión espiritual sea abierta para ver las glorias del amor de Cristo y Su Reino.

Capítulo Cuatro

EL SENTIDO ESPIRITUAL
DEL GUSTO

La mayoría de las veces, nuestros sentidos espirituales son percepciones; no una conexión física con la dimensión espiritual.

Por ejemplo, probablemente has escuchado a algunos decir, "Esa situación dejó un mal sabor en mi boca". No están sugiriendo que han experimentado un sabor físico o tangible sino más bien que han tenido un encuentro negativo que les ha dejado un "mal sabor" – una percepción o discernimiento.

> ¿Hay iniquidad en mi lengua? ¿Acaso no puede mi paladar discernir las cosas inicuas?
> – *Job 6:30 (RVR60)*

Estoy segura que has experimentado un "mal sabor" después de escuchar a alguien hablar negativamente de otra persona o cuando has entrado a un cuarto donde las personas presentes están hablando en términos vulgares y perversos. El ambiente te dejó un "mal sabor".

En contraste, estoy segura que puedes identificarte con la siguiente situación: Después de un tiempo con el Señor, o una reunión de iglesia o conferencia muy especial – cuando quedas lleno de Su presencia y gloria– puedes salir de dicha reunión y pensar ... "Guau – he probado de algo delicioso" ... fue algo que te satisfizo y te llenó. Has probado del Señor y has visto que Él es bueno.

Gustad, y ved que es bueno Jehová.

Salmo 34:8 (RVR60)

Joshua Mills estaba ministrando en una de nuestras reuniones hace algunos años. Mientras se preparaba en su habitación en el hotel, ocurrió un fenómeno sobrenatural: Aceite comenzó a brotar de sus manos. Sí, era aceite real y tangible, ¡producido por el Espíritu Santo! Mi esposo, quien estaba por acompañar a Joshua desde su habitación hasta el lugar de reunión, colocó un vaso bajo las manos de Joshua para recolectar el aceite. Ya para cuando llegaron al salón el vaso ya estaba lleno a medias con el aceite. Siguió brotando de sus manos cuando se levantó a predicar, y luego comenzó a brotar de sus pies.

Se quitó los zapatos y pusimos una tela y una toalla para recolectar el aceite. ¡Era maravilloso!

Después de terminar de predicar, oramos por cada una de las personas en la reunión y las ungimos con el aceite que Dios había dado. Al final, todavía quedaba algo de aceite. Le pregunté a Joshua si podía probarlo. Al poner unas gotas en mi lengua, tenía el sabor de jabón; sin embargo, olía a vino. El Señor me dijo que estaba purificando a las personas (el jabón) y sanándolas (el vino).

Dios me permitió literalmente probar Su señal y maravilla. Fue una ocasión cuando mi sentido físico del gusto y mi sentido espiritual del gusto convergieron. Fue una experiencia maravillosa por la cual verdaderamente estoy agradecida.

Activa tu sentido espiritual del gusto

Cuando desarrollas tu sentido espiritual del gusto, estás de hecho despertando tu discernimiento del bien y del mal.

Por ejemplo, el salmista dijo:

> ¡Cuán dulces son a mi paladar tus palabras! Más que la miel a mi boca. – *Salmo 119:103 (RVC)*

Él descubrió que cuando meditaba en las palabras del Señor, le hacía sentirse bien y satisfecho. Le sabía dulce como la miel. En tu espíritu puedes experimentar ese "buen sabor" cuando el Señor está presente.

Para activar este aspecto del gusto, toma una porción de las Escrituras que te causa deleite. Medita en ella y permite que el "buen sabor" de la Palabra del Señor te llene. Permanece en esta meditación hasta que te sientas satisfecho, gozoso y realizado.

Cuando en verdad estás familiarizado con el buen sabor del Señor, es más fácil discernir lo falso.

Me acuerdo de una ocasión cuando una persona me citó un pasaje bíblico, pero lo hizo de manera acusatoria y condenadora. Descontroló mi espíritu. Inmediatamente rechacé la palabra. Era como si la estaba escupiendo de mi boca. Aunque provenía de las Escrituras, tenía el veneno de acusación y yo no la podía recibir. Amo la Palabra y la disciplina que la Palabra ofrece, pero cuando el Señor está en ella, es buena – sabe "bien" aun cuando trae disciplina. Esta persona dio una palabra que no tenía el "sabor" tan especial del Señor, así que no "comí" de ella.

No solo trae la Palabra del Señor un dulce sabor, también lo tiene Su presencia. Puedes discernir la presencia del Señor al probar el fruto. La presencia que estás sintiendo ¿te trae placer y deleite? ¿Crea reverencia dentro de tu corazón? ¿Te acerca más a Su amor?

Como el manzano entre los árboles silvestres, Así es mi amado entre los jóvenes; Bajo la sombra del deseado me senté, Y su fruto fue dulce a mi paladar.

Cantares 2:3 (RVR60)

La referencia a gustar de algo en muchas ocasiones se refiere a participar de una experiencia. Por ejemplo, Jesús dijo:

"Si alguno guarda mi palabra nunca gustará muerte para siempre". – *Juan 8:52 (RVA–2015)*

Haz una lista de las cosas que has "gustado" o experimentado en el Señor. Posiblemente sean cosas como las que siguen:

He gustado de:
La bondad del Señor
El amor del Señor
La vida del Señor
La fortaleza del Señor
La abundancia del Señor

Puedes discernir la presencia del Señor al probar su fruto. La presencia que estás sintiendo, ¿te trae placer y deleite? ¿Crea reverencia dentro de tu corazón? ¿Te acerca más a Su amor?

Probar para juzgar

En cierta ocasión fui juez en una competencia de cocina. Tuve el privilegio de probar los pasteles de manzana de todos los concursantes para decidir quién era el ganador. Probé un bocado de cada uno de los pasteles y luego juzgué cuál era el mejor.

Podemos hacer lo mismo con nuestro sentido espiritual del gusto. En las cosas que enfrentas día a día, intencionalmente "prueba" y discierne. ¿Es del Señor? ¿Sabe bien? ¿Trae paz a tu espíritu? ¿Se siente bien? Entre más pruebas, más preciso llegarás a ser en tu discernimiento.

Capítulo Cinco

EL SENTIDO ESPIRITUAL DEL OLFATO

En junio de 1994, nuestro ministerio tuvo 21 días de reuniones de avivamiento poderosos llamados "Viento y Fuego". Por tres meses, antes de que el evento comenzara, buscamos al Señor en oración e intercesión, invitándolo a moverse poderosamente entre nosotros.

Un día mientras orábamos con nuestro equipo de intercesión en mi sala, comenzamos a percibir el olor muy marcado de fuego. Inmediatamente me consterné, pensando que había dejado una olla sobre el quemador de la estufa, así que corrí a la cocina, solo para descubrir que no había ni fuego ni humo. El olor, sin embargo, se intensificó, así que rápidamente fui a revisar cada una de las habitaciones de la casa, intentando encontrar de dónde venía el fuego. Mis huéspedes y yo revisamos cada una de las habitaciones varias veces, pero no encontramos ningún fuego – y sin embargo, seguía el olor del fuego, y era muy fuerte.

Nos volvimos a reunir en la sala y comentamos entre nosotros qué podría ser. Todos lo podíamos oler. En ese momento, vimos a un camión de bomberos pasar por nuestra calle. Un pensamiento inmediatamente cruzó por mi mente que la casa de mis vecinos podía estar incendiándose, y que posiblemente eso era lo que olíamos.

Rápidamente corrimos a la puerta y nos pusimos a seguir al camión. Dos de los bomberos comenzaron a tocar en la puerta de cada casa para inquirir. Le pregunté a uno de los bomberos si de hecho había un incendio. Me contestó, "Bueno, respondimos a una llamada acerca de un posible incendio en la avenida Badger, pero no lo hemos podido localizar. Parece que fue un error".

En ese momento, me di cuenta de lo que había pasado. El Señor estaba visitando nuestra reunión de oración con una señal y maravilla para confirmar nuestro evento de VIENTO Y FUEGO. El olor a fuego no venía de un fuego natural, ¡sino espiritual! Él estaba divirtiéndose con nosotros enviando un camión de bomberos como confirmación.

Unos días después cuando ya estábamos en las reuniones de avivamiento, un olor a fuego llenó la iglesia donde estábamos teniendo las reuniones. Muy alarmado, el conserje corrió por todo el edificio, revisando cada salón para ver dónde había comenzado el incendio. Él se sentía perplejo porque el detector de humo no había echado a andar la alarma, pero él quería que todos evacuáramos el local solo por precaución. Le aseguré que no era necesario que evacuáramos el edificio, que no era un incendio de verdad. Era una señal de Dios.

Las siguientes tres semanas de avivamiento fueron gloriosas. Experimentamos muchas fragancias del Señor en las reuniones. Tuvimos la fragancia de rosas, vainilla, incienso, y azahares. Las fragancias fluían durante las reuniones como si Jesús estuviera caminando y su vestimenta estuviera desatando la fragancia. Muchos de los asistentes pudieron percibir el olor. Algunos preguntaban con incredulidad, duda y escepticismo, "¿Por qué haría Dios algo así?"

Puede que yo no tenga la respuesta completa de tal pregunta, pero una cosa que he visto es que una respuesta a la señal de Su fragancia por parte de quienes la experimentan es que se llenan de asombro ante Dios. Se maravillan más y más en Su gloria al acercarse más a Él.

El aroma de tu amor por Dios

En el Antiguo Testamento, los sacerdotes sacrificaban regalos y ofrendas delante del Señor por parte del pueblo como una expresión de adoración y devoción a Dios. Las Escrituras declaran que el aroma del sacrificio era grato para Dios:

> Y el sacerdote quemará todo esto sobre el altar. Se trata de un holocausto. Es una ofrenda encendida de olor grato para el Señor. – *Levítico 1:9 (RVC)*

Tu amor por Él crea una dulce fragancia en el espíritu. A Él le encanta tu adoración. Puede oler tu amor.

> De tus labios fluye miel, esposa mía; leche y miel hay debajo de tu lengua. La fragancia de tus vestidos evoca la fragancia del monte Líbano.
> *Cantares 4:11 (RVC)*

> Mientras el rey disfruta del banquete, mi nardo esparce su fragancia. – *Cantares 1:12 (RVC)*

El apóstol Pablo también reconoció el olor fragante de los filipenses:

> Pero todo lo he recibido, y tengo abundancia. Estoy lleno, y he recibido de Epafrodito lo que ustedes me enviaron: sacrificio aceptable, de olor fragante y agradable a Dios. – *Filipenses 4:18 (RVC)*

¡Huelo una rata!

Tus sentidos espirituales son tus "discernidores". A través de tu sentido espiritual del olfato, puedes discernir tanto el bien como el mal. Probablemente has escuchado el dicho, "huelo una rata". En otras palabras, el "discernidor" está discerniendo que algo nada bueno está ocurriendo.

En lo natural puedes oler cosas que no puedes ver. Cuando yo estaba en el campo misionero en México, entré a un cuarto que tenía un olor tan fétido, era como si algo hubiera muerto. Tenía deseos de vomitar. No había nada muerto visible, así que comencé a buscar en la alacena y debajo de los muebles. Finalmente encontré, debajo del lavabo de la cocina, una rata muerta. Había caído en una trampa y me imagino que había estado allí por varios días. De hecho, estaba llena de gusanos y el olor me enfermaba. Si huele a rata, probablemente en algún lado cerca hay una.

Yo puedo discernir el cáncer. Trabajé de enfermera por muchos años, y cuidaba a pacientes que se estaban muriendo de cáncer. El cáncer tiene un olor en particular.

Tus sentidos espirituales son tus "discernidores". A través del sentido espiritual del olfato, puedes discernir entre el bien y el mal.

Conozco bien ese olor. En ocasiones el Señor me permite discernir el olor espiritual del cáncer para alertarme a orar por alguien y ayudarles a luchar contra este enemigo tan horrible. Cuando huelo ese olor, es muy fuerte, pero no está en la dimensión física. Otros en el mismo cuarto no perciben el olor. Yo lo percibo con mi sentido espiritual.

Yo estaba ministrando a alguien hace algunos años y al comenzar a orar por él, pude oler marihuana. Le miré y pregunté, "¿Por cuánto tiempo has estado fumando marihuana?" Estaba totalmente descontrolada la persona y no entendía cómo era que yo conocía su "secreto". Dios me había dado el discernimiento, usando el sentido del olfato.

Oración por el sentido espiritual del olfato

Señor, yo oro que abras el sentido espiritual del olfato en el lector de este libro. Que pueda oler Tu presencia. Que su discernimiento en Ti crezca a través de este sentido espiritual maravilloso.

Capítulo Seis

EL SENTIDO ESPIRITUAL
DEL TACTO

En la dimensión física, el tacto es importante y poderoso. Recuerdo una ocasión cuando era adolescente que asistí a una fiesta donde jugamos un juego en el cual colocaron muchas cosas en un recipiente. Luego le tapaban los ojos a alguien quien tenía que meter sus manos al recipiente e identificar las cosas allí solo a través del tacto. No entraré a los detalles del juego porque algunas de las cosas eran asquerosas. Muchos de los participantes fueron sorprendentemente acertados al usar un solo sentido para identificar los objetos.

En ciertos ejercicios de entrenamiento militar, los oficiales le tapan los ojos a los soldados y luego ellos tienen que intentar pasar por un laberinto de obstáculos usando sus demás sentidos. El sentido del tacto es muy importante en estos ejercicios. Tienen que descubrir cómo salir usando el tacto para reconocer la presencia de muros, texturas, la tierra, las personas y obstáculos. Durante una guerra, tener bien desarrollado el sentido del tacto posiblemente haga la diferencia entre la vida y la muerte.

En un encuentro celestial, experimenté al Señor extender su cetro hacia mí. Esta experiencia fue muy vívida, y hasta este día recuerdo la apariencia del cetro. Lo vi a través del sentido espiritual de la vista. Luego le escuché decir, "Toca mi cetro". En el encuentro, extendí mi mano y lo toqué. Al hacerlo, toqué la punta del cetro y sentí el poder fluir a través de mí. Hasta este día, cuando comparto el testimonio del encuentro, siento el poder fluir de nuevo por mí.

Tocar el cetro y sentir el poder que tocó y llenó mi ser fue y es muy real, pero no es físico – es espiritual.

También he experimentado el toque de las manos de alguien, (posiblemente las del Señor) en mis hombros y cuando miré hacia atrás no había nadie allí. En otra ocasión sentí el viento espiritual tocar mi brazo y cara. Literalmente sentí el toque del viento pero no había viento en lo natural. Mi sentido espiritual del tacto estaba consciente del viento. En la Biblia hay una referencia a vientos (ve Ezequiel 1) y Elías fue llevado al cielo en un torbellino (Me pregunto, ¿cómo se sentía eso?)

Cuando recibes encuentros como esos, es importante preguntarle al Señor cuál es el propósito, porque Él lo está usando para acercarte más a Él para revelar algo muy importante. En la ocasión que sentí Sus manos en mis hombros, me encontraba en una situación muy vulnerable. La experiencia me dio la confianza de saber que el Señor me estaba sosteniendo. El viento era para ayudarme a reconocer la presencia de ángeles que Dios había enviado para ministrarme.

> Acerca de los ángeles, dice: "Él hace que sus ángeles sean como vientos, y sus ministros como llamas de fuego". – *Hebreos 1:7 (RVC)*

Recientemente, estuve en un retiro de oración. Mientras escuchaba música de adoración, un ángel entró a mi cuarto. "Sentí" su presencia aunque no lo vi. El ángel se acercó más y ante mi asombro me dio alimento. ¡Así es! Sentí el alimento primero tocar mis labios y luego sentí al ángel meter el alimento a mi boca. Fue espiritualmente tangible. Ocurrió mientras yo ayunaba en dicho retiro, así que creo que Dios me estaba alimentando con alimento del cielo y que palabras de revelación me entraron.

Pan del cielo les dio a comer. – *Juan 6:31b*

Jesús les dijo: "Yo soy el pan de vida. El que a mí viene, nunca tendrá hambre." – *Juan 6:35a*

Y el Señor extendió su mano, me tocó la boca y me dijo: "Yo, el Señor, he puesto mis palabras en tu boca". – *Jeremías 1:9*

Con ese carbón tocó mi boca, y dijo: "Con este carbón he tocado tus labios, para remover tu culpa y perdonar tu pecado". – *Isaías 6:7*

Pero aquel que tenía semejanza de hombre me tocó otra vez, me dio nuevas fuerzas. – *Daniel 10:18*

Convergencia

En ocasiones el toque físico natural y el toque espiritual convergen. Por ejemplo, la Biblia nos enseña que hemos de imponer manos a los enfermos y sanarán. Se refiere a imponer tus manos físicas sobre los enfermos, pero dentro de ti está la unción de Cristo. Como nueva creación en Cristo, tienes tu hombre espiritual que tiene una mano espiritual. Tu "hombre espiritual" no es simplemente una masa sin forma en tu interior. Tu hombre espiritual se parece a ti pero es espíritu. (Enseño este principio en detalle en la lección sobre "Realidades de la Nueva Creación" en la Escuela de Gloria). En tu mano física está la mano de tu hombre espiritual.

Así que cuando impones tus manos sobre los enfermos (tocas a los enfermos), un toque espiritual también se manifiesta si tienes fe para esto conforme obedeces la Palabra del Señor.

> Cuando Jesús le tocó la mano, la fiebre se le quitó. Entonces ella se levantó y los atendió. – *Mateo 8:15*

En el siguiente pasaje verás que cuando las personas tocaban el borde del manto del Señor, podían recibir bendición espiritual. El toque los conectaba con Su poder sanador.

> Y le rogaban que los dejara tocar al menos el borde de su manto. ¡Y todos los que lo tocaban quedaban sanos! – *Mateo 14:36*

Sentimientos e impresiones

"Tocar" también puede referirse a un sentimiento o a una impresión emocional. Por ejemplo, tu corazón puede ser tocado con compasión o empatía. "Fui tocado por tu testimonio".

> Entonces Jesús, al ver llorar a María y a los judíos que la acompañaban, se conmovió profundamente y, con su espíritu turbado. – *Juan 11:33*

> Jesús se compadeció de ellos y les tocó los ojos, y en ese mismo instante ellos recibieron la vista y lo siguieron. – *Mateo 20:34*

Nuestro ministerio trabaja con niños que han sido víctimas del tráfico sexual. La razón por la cual estamos trabajando en Tailandia y Camboya es el resultado de haber sido profundamente "tocados" por las necesidades de los niños allí. Fuimos tocados por sus necesidades y también tocados por Su amor. Un toque del Señor sobre tu corazón puede cambiar tu vida. Muchos niños están siendo rescatados hoy día por el toque del Señor que ha motivado a muchos a actuar.

Percepciones a través del tacto

"Tocar" también puede referirse a un sentimiento o a una impresión emocional. Por ejemplo, tu corazón puede ser tocado con compasión o empatía.

Conozco a personas que pueden imponer sus manos sobre alguien y al tocarlos pueden discernir los problemas de salud que tienen en sus cuerpos.

Cierta vez estuve en una reunión donde estaba ocurriendo algo de actividad espiritual en una parte del salón. Parecía que toda persona que entraba a ese espacio era tocado por el poder de Dios. Fui a observar y participar de lo que estaba ocurriendo. Me di cuenta de una diferencia tangible en la atmósfera al irme acercando al área donde las personas estaban siendo tocadas. Literalmente podías sentir la presencia del Señor y se percibía más fuerte entre más cerca llegabas al área.

Alcé mi mano al aire para identificar el lugar específico donde me daba cuenta del cambio. Literalmente podías tocar con tus manos el punto exacto donde cambiaba el ambiente espiritual. Yo podía percibir a un ángel parado en ese rincón, y cuando las personas se acercaban a él, su ministerio los llenaba de poder.

Activando

La mejor manera de activar es tener oportunidades de explorar las posibilidades. Ora que el Señor te dé experiencias con tu sentido espiritual del tacto. Posiblemente puedas comenzar a imponer manos en las personas para ver si puedes ver o sentir algo. O cuando estás observando el poder de Dios moverse, alza tus manos en medio del ambiente para ver si puedes percibir algo del Señor. Entre más intencionalmente intentas activar, más sensible llegarás a ser.

Capítulo Siete

HAZ CRECER TUS CINCO SENTIDOS ESPIRITUALES

Activación

Conocer algo no significa que ya lo posees.

Tienes cinco sentidos espirituales para usar. Pero eso no significa que automáticamente te van a ser de beneficio. Una de las maneras que cultivas y desarrollas tus sentidos naturales es usarlos. Ocurre lo mismo con tus sentidos espirituales.

> Pero el alimento sólido es para los maduros; para los que, por la práctica, tienen los sentidos entrenados

para discernir entre el bien y el mal. – *Hebreos 5:14 (RVR-2015)*

Aprovecha toda oportunidad para usar los sentidos que Dios te ha dado. Cada vez que activas tus sentidos, crecerán y se desarrollarán.

Pasión

He descubierto que aquello que me apasiona es lo que finalmente voy a procurar. Una de las maneras de crear y activar la pasión es examinar los beneficios. ¿Qué beneficios disfrutarás si desarrollas tu sentido espiritual de la vista? ¿De la audición? ¿Del gusto? ¿Del olfato? ¿Del tacto?

Escribe los beneficios y repásalos. Esto activará la pasión en ti y tu pasión por lo general habilita la acción.

Enfoque

He descubierto que si estoy trabajando en demasiadas cosas a la vez, no completo nada ni hago nada bien. Sugiero intencionalmente tomar un sentido a la vez y desarrollarlo. A veces cuando un sentido empieza a funcionar, otros también comienzan a funcionar junto con éste.

Enfocarse es poderoso. Por ejemplo, si te enfocas en orar, estudiar y luego activar un sentido por una hora o dos al día por un mes o más, ese enfoque dará resultados. ¡Pruébalo!

Oración

Las Escrituras nos enseñan que cuando oramos y creemos, recibimos de Dios. A veces no recibimos porque no pedimos. No seas casual en tus oraciones, sino intencional y enfocado. Escribe tus peticiones y busca promesas bíblicas que respalden tu deseo. Cuando oras, cree que recibirás. Luego dale gracias a Dios diariamente por abrir los sentidos por los cuales estás pidiendo. Él verdaderamente es un Dios que contesta oraciones.

Enseñanzas

Hay tantas enseñanzas y maestros maravillosos en el Cuerpo de Cristo – muchos que han tenido experiencias en el Señor han preparado enseñanzas excelentes y pro-

La pasión y el enfoque son poderosos. Activa tu pasión y escribe los beneficios de cada uno de estos sentidos espirituales. Luego considera enfocarte en un sentido a la vez y desarrollarlo a través de la oración, el estudio y la activación por un mes o más.

fundas acerca del tema en el cual han madurado. Puedes recibir lo mejor de lo mejor. Por ejemplo, cuando yo tenía poco de cristiana y apenas estaba aprendiendo acerca de lo profético, tomé un curso de cinco meses acerca de los dones del Espíritu que enseñaba una maestra y mentora reconocida y experimentada, Mary Goddard, y activaba los dones continuamente. (Aunque mi mentora, Mary Goddard, ya está con el Señor en la gloria, cuento con su serie original sobre los Dones del Espíritu, en inglés, en nuestra librería en línea en patriciaking.com). A través de los años, conocí a otros que eran muy destacados en el don profético, incluyendo a Graham Cooke, James Goll, Stacey Campbell, Cindy Jacobs, Bob Jones, Kim Clement y Bobby Conner entre otros. También aprendí de otros ministerios, leyendo sus libros y escuchando sus enseñanzas. Asistía a sus reuniones y también me suscribí al boletín profético Elijah List para que pudiera estar siempre al tanto de las profecías frescas que el Señor estaba dando. Como resultado, crecí en lo profético.

Mi curso, La Escuela de Gloria, es una enseñanza que te ayudará a crecer en tus sentidos espirituales y en tus encuentros espirituales. Recibí esta enseñanza durante una visitación de treinta días por parte del Espíritu Santo. La puedes ordenar en www.patriciaking.com.

Hay muchas personas en el Cuerpo de Cristo que han madurado en el desarrollo de sus sentidos espirituales que también te pueden ayudar. Podrás encontrar su información en el internet. Obtén enseñanza bíblica buena y sólida de una variedad de maestros. Estudia con mente abierta y pídele al Espíritu Santo que te ayude a discernir entre lo que es de gran valor y lo que no. Aférrate a todo lo que te beneficia.

El internet hoy en día ofrece tantas oportunidades. Nuestra red www.xpmedia.com cuenta con miles de videos, mensajes y artículos de varios ministerios que tratan con temas como este.

Asociaciones

Si deseas desarrollar tus cinco sentidos espirituales, júntate con otros que deseen lo mismo. Si perteneces a una iglesia o tienes amistades que están en contra de los dones del Espíritu o están llenos de escepticismo en cuanto a ellos, impedirá tu crecimiento en el área. Encuentra a otros que tienen la pasión por crecer en esta área.

Puedes encontrar a quienes tienen pasión parecida a la tuya cuando asistes a conferencias o reuniones que tratan temas sobre lo sobrenatural y lo profético o en iglesias que han desarrollado una cultura de abrazar lo sobrenatural.

Nuestra iglesia web, Shiloh Fellowship (www.xpministries.com/shilohfellowship/webchurch/)ofrece conexión pastoral personal con cada uno de sus miembros además de otros recursos. Muchos están creciendo en lo sobrenatural como resultado de las enseñanzas y testimonios.

Relación con el Espíritu Santo

Jesús dijo que el Espíritu Santo nos guiará a toda verdad (Vea Juan 16:13). Él es tu Ayudador y Maestro, y nunca te guiará a un camino equivocado. Desarrolla una relación con Él. Llega a conocerlo. Enseño una lección acerca del Espíritu Santo en la Escuela de Gloria que ha bendecido a muchos. Él es tan maravilloso y está comprometido con tu crecimiento y desarrollo en Él. No te apoyes en tu propio entendimiento. Síguelo a Él.

Rinde cuentas

Personalmente creo que es bueno rendir cuentas a otros, particularmente en el área de revelación espiritual. Ten en tu vida a personas que serán honestas contigo y a quienes puedas someter cualquier revelación fresca que recibes. Esta persona o equipo debe tener conocimiento y ser creíble en cuanto a las cosas del Espíritu.

Como una herramienta de medición, examina el fruto en tu vida y tus experiencias en el Señor. Verdaderos encuentros deben producir humildad, justicia, comportamiento moral, mayor hambre, sumisión a otros, y mayor amor al Señor, además de otros aspectos de comportamiento piadoso. Jesús debe ser glorificado en todo.

Al avanzar en tus nuevos encuentros en el Señor, recuerda que si estás en Cristo, ya tienes estos cinco sentidos espirituales. Son parte de tu naturaleza. Ya tienes todo lo que pertenece a la vida y a la piedad. (2 Pedro 2:3) No le tienes que rogar a Dios que te dé tus sentidos. Ya los tienes.

Cree que los tienes y ahora … velos desarrollarse.

Querido Padre Celestial,

Oro por esta persona tan preciosa que ha leído este libro. Está anhelando despertar y desarrollar sus cinco sentidos espirituales. Te pido que le empoderes con tu Espíritu Santo, revelación, y percepción inspirada, y encuentros auténticos al comenzar una nueva etapa en su vida de explorar las bendiciones gloriosas de los cinco sentidos espirituales. AMÉN

¡Que comience la travesía!

ACERCA DE PATRICIA KING

Patricia King es una ministra del evangelio altamente respetada a nivel internacional. Ha servido fielmente al Señor por más de treinta años en diferentes capacidades, como conferencista, profeta, pastora, autora, maestra, y más. Ella es fundadora de Patricia King Ministries, Women in Ministries Network – una red que celebra a las mujeres que sirven en cualquier área de ministerio dentro de las siete montañas (esferas) de influencia – y es co-fundadora de XPmedia.com – un sitio de internet que ofrece gran diversidad de videos con mensajes, enseñanzas, palabras proféticas, etc. por parte de ministros y otras voces reconocidas con alcance mundial. Además, ha escrito muchos libros, producido CDs y DVDs, y es anfitriona del programa de televisión "Patricia King—Everlasting Love" (Patricia King—Amor Eterno).

Conexiones:

Sitio web Patricia King: PatriciaKing.com

Facebook: Facebook.com/PatriciaKingPage

Patricia King Institute: PatriciaKingInstitute.com

Women on the Frontlines y Women in Ministry Network: Woflglobal.com

Programa de televisión Patricia King – Everlasting Love y muchos otros videos: XPmedia.com

Libros de Patricia King en Español

Decreta – *una cosa y será establecida.*
Decretos basados en la Biblia sobre favor, salud, prosperidad, victoria, ministerio, sabiduría, familia, y muchos más.

7 Decretos para 7 Días
Decretos diarios en las áreas de Dios, sabiduría, bendición, favor, protección, salud, y provisión financiera

Desarrolla Tus Cinco Sentidos Espirituales – Ve, escucha, huele, saborea y siente el mundo invisible en tu derredor

La Unción de Reabastecimiento
Revelación y claves para vivir en aumento sobrenatural

La Buena Vida – Claves para vivir la vida plena, próspera, y llena de propósito para la cual fuiste creado.

Sueñe en Grande
Cómo la segunda mitad de la vida puede ser la mejor

La Revolución Espiritual
Visitaciones angelicales, sueños proféticos, visiones y milagros

La Luz Pertenece a las Tinieblas
Encuentre su lugar en la cosecha divina en el final de los tiempos

Adquiérelos en Patriciaking.com y Amazon.com

www.ingramcontent.com/pod-product-compliance
Lightning Source LLC
Chambersburg PA
CBHW060406050426
42449CB00009B/1924